Natacha est une fille orc
Elle aime la musique, la
le Monopoly et le Scrabl
divorcés. Natacha a deux
sa mère et l'appartement

une fille	girl
les jeux	games
l'appartement	flat

Natacha vit avec sa mère, Danièle. Natacha et Danièle habitent un grand appartement. Danièle a beaucoup d'amis. Ils viennent souvent la voir. Dans l'appartement, il y a beaucoup de musique et beaucoup de bruit. Natacha adore l'appartement de sa mère.

vit avec	lives with
souvent	often
la voir	to see her
beaucoup de bruit	a lot of noise

Le week-end, Natacha vit avec son père, Philippe. Philippe a un petit appartement. Il est calme et sérieux. Il aime la cuisine chinoise et le jazz. Avec Philippe, Natacha est calme. Ils font la cuisine ensemble, ils lisent des livres, ils jouent au Scrabble et aux cartes. Natacha adore l'appartement de son père.

la cuisine chinoise	Chinese food
ils font la cuisine ensemble	they cook together
ils lisent	they read
cartes	cards

Natacha adore son père et sa mère. Elle adore aussi les deux maisons. Mais quelquefois elle rêve: elle imagine qu'elle habite avec ses parents dans une grande maison à la campagne.

quelquefois	sometimes
elle rêve	she dreams
à la campagne	in the countryside

Un week-end, Natacha est avec Philippe.
«Regarde, Natacha, c'est une photo de Valérie», dit-il.
«Valérie? Qui est Valérie?» demande Natacha.
«Valérie, c'est... c'est une amie», répond son père.

Il regarde la photo. Natacha regarde aussi la photo.
«Valérie vient ici le week-end prochain», dit son père.
«Hmmmm...» pense Natacha.

---

qui est...?	who is...?
elle vient ici	she's coming here
le week-end prochain	next weekend
pense	thinks

«Valérie est sympa?» demande Natacha.
«Oui», dit son père. «Elle est très calme. Elle aime le jazz. Et elle adore la cuisine chinoise.»

Natacha ne parle pas beaucoup. Elle pense: «Je suis jalouse de Valérie?»

---

sympa	nice, friendly
jalouse	jealous

Natacha ne veut pas voir Valérie. Le week-end suivant, elle téléphone à son père.
«Allô? Bonjour, Papa. C'est Natacha. Je ne viens pas ce week-end.»
«Oh! Tu es malade?» demande Philippe.
«Euh... oui, j'ai mal au ventre», répond Natacha.
«Ma pauvre», répond son père.
«Au revoir, Papa», dit Natacha.

---

ne veut pas voir	doesn't want to meet
suivant	following
je ne viens pas	I'm not coming
j'ai mal au ventre	I've got a stomach ache
ma pauvre	poor thing

«Ça va, Natacha?» demande Danièle.
«Oh... comme ci comme ça...» répond Natacha.
«Tu ne vas pas chez Papa?»
«Non...»
«Tu es malade?»
«Oui... un peu.»

Natacha décide de sortir.
«Va au parc», dit sa mère. «Il y a déjà des fleurs.»

---

comme ci comme ça	so-so
un peu	a bit
sortir	to go out
déjà	already
des fleurs	flowers

«Je déteste les fleurs», pense Natacha.

Mais elle va au parc. Elle rencontre un garçon avec... un petit chien?... Non, c'est un chat!

Natacha sourit. Elle adore les chats.
«Comment s'appelle le chat?» demande-t-elle.
«Cléopâtre», répond le garçon.
«Cléopâtre aime le parc?» demande Natacha.
«Oui, mais elle déteste les voitures», répond le garçon. Natacha caresse le chat.

---

elle rencontre	she meets
sourit	smiles
les voitures	cars

Le garçon s'appelle Théo. Il n'a pas de père, il vit avec sa mère. Avec Théo, Natacha parle de son père et de son amie.
«J'adore mon père», dit-elle. «Mais... une amie... ça change tout.»
«Mais, non», dit Théo. «Ma mère aussi, elle a un ami. Mais il est très sympa. Ma mère est heureuse, alors, ça va.»

n'a pas de père	hasn't got a father
tout	everything
aussi	too, as well
heureuse	happy
ça va	it's OK

«Toi, tu as ton père et ta mère. Moi, je ne vois pas mon père», dit Théo.

Natacha parle avec Théo pendant une heure. Elle est plus heureuse maintenant. Théo est sympa. Il comprend bien.

Natacha prend une décision. «Je vais parler à Papa. Je vais voir Valérie le week-end prochain.»

je ne vois pas	I don't see
pendant	for
comprend	understands
prend une décision	makes a decision
je vais voir	I'm going to see
prochain	next

Le week-end suivant, Natacha est avec Philippe. «On va dîner chez Valérie ce soir?» demande Philippe.
«Génial!» répond Natacha.

Natacha et Philippe achètent des roses et une bouteille de vin blanc. Le père de Natacha a l'air content. Natacha est contente aussi. Mais elle est un peu inquiète.

---

génial	brilliant, great
vin blanc	white wine
a l'air content	looks happy
inquiète	nervous

La porte s'ouvre. Mais quelle surprise! C'est Théo - le garçon du parc - avec Cléopâtre.
«Oh!» fait Natacha.
Théo aussi est très étonné. «Euh... Bonjour, Natacha!» dit-il. «Mais... qu'est-ce que...»
Le père de Natacha regarde Théo et Natacha.
Il demande: «Tu connais Théo?»
Natacha regarde Théo: «Donc ta mère, c'est Valérie... et l'ami, c'est mon père...»

étonné	surprised
tu connais Théo?	do you know Théo?
l'ami	the boyfriend

«Ah, bonjour Natacha», dit Valérie.
«Natacha connaît déjà Théo», dit le père de Natacha.
«Oui», dit Natacha. «Et Cléopâtre aussi.»
«Quelle coïncidence!» dit Valérie.

Natacha et son père passent une soirée agréable avec Valérie et Théo. Ils mangent et jouent au Scrabble ensemble.

«Valérie et Théo sont très sympa», pense Natacha.

---

connaît — knows
passent une soirée agréable — have a pleasant evening

Natacha habite toujours chez sa mère. Elle passe toujours le week-end avec son père. Souvent, ils voient Valérie et Théo.

Est-ce que Philippe va épouser Valérie? Peut-être. Peut-être pas. Ce n'est pas un problème. Pour Natacha, tout va bien. Elle est très contente de ses deux maisons.

toujours	still
elle passe	she spends
ils voient	they see
épouser	to marry
peut-être	perhaps, maybe
tout va bien	everything is fine

Quelles phrases vont avec le tableau A?
Quelles phrases vont avec le tableau B?

1 Le vin blanc est sur la table.

2 Danièle parle au téléphone.

3 Natacha joue au Scrabble avec Théo.

4 Natacha regarde la télé.

5 Danièle est avec des amis.

6 Philippe parle avec Valérie.